# AVISO POLITIQUE

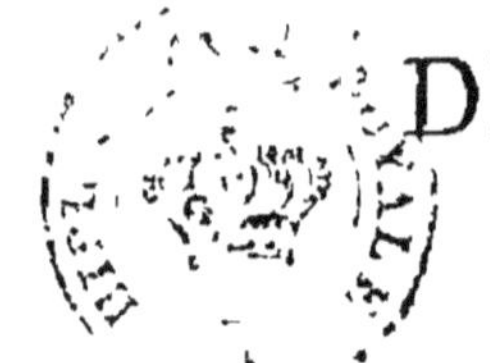

## DE NANTES,

### OU

*Coup d'œil général sur l'état actuel des affaires.*

> « La liberté est le premier droit de l'homme,
> » le droit de n'obéir qu'aux lois, et de ne craindre
> » qu'elles. Malheur à l'esclave qui craindrait de
> » prononcer son nom ! Malheur au pays où le
> prononcer serait un crime ! »
>
> ( Thomas, *Éloge de Marc-Aurèle.* )

LE ministère public poursuit, par ordre supérieur, les premiers signataires de la souscription ouverte en faveur des victimes de la nouvelle loi d'exception. Cela était dans l'ordre : lorsqu'on marche à pas de géant dans la carrière de l'injustice et du despotisme, il n'est plus possible de reculer ; il faut parvenir à ses fins, ou prendre congé. Le pouvoir ministériel se trouve aujourd'hui dans cette cruelle alternative. Ces poursuites, dirigées contre les citoyens les plus respectables, feront époque dans notre histoire. Dans ce triste état de choses, je crois servir les intérêts de la liberté, en donnant un article composé à ce sujet, et qui n'a pu être inséré dans le journal politique *L'Ami de la Charte.*

On sait que, lorsqu'il fut question d'ouvrir au bureau de ce journal une telle souscription, messieurs les hommes monarchiques de cette cité, *auxiliaires du ministère actuel*, entrèrent en fureur. Pour étouffer à sa naissance un projet désorganisateur des trames ourdies dans les antichambres et les cabinets de ces excellences, ils se hâtèrent de prendre la plume : le *Journal de Nantes* fut leur malheureux champ de bataille. Ces honnêtes gens remplirent ses colonnes d'injures et de calomnies contre les souscripteurs, qu'ils accusèrent de complicité avec Louvel.

On sait encore que, dans le temps, *l'Ami de la Charte* confondit leurs misérables impostures, en parlant le langage de l'humanité et de la raison. Il leur remontra surtout combien tant d'emportement était déplacé dans des hommes qui se proclamaient à la face du monde entier *les seuls amis du trône et de l'autel*. Une telle modération ne fit qu'augmenter leur rage, et, dans un dernier article, un anonyme à quatre étoiles dépassa toutes les bornes légitimes. Par un hasard singulier, il arriva que ce même article l'emportait sur les précédents par une ignorance complette des premiers principes de la langue française. Une dernière réponse fut rédigée et livrée au compositeur, pour paraître le lendemain; mais, ô douleur! le grave *Moniteur* apporta le soir-même la preuve évidente que messieurs les ministres avaient désormais le privilége de parler tout seuls. Dans cette conjoncture, c'est en vain que j'ai voulu représenter à M. l'éditeur propriétaire :

1.° Que nos représentants n'avaient pu commettre une telle infraction au pacte social, qu'ils avaient juré d'observer et de faire observer;

2.° Que la faculté de parler et d'écrire était un droit aussi naturel que la faculté de marcher et de manger;

3.° Que ce droit n'étant pas *octroyé*, ne pouvait être révocable;

4.° Qu'en bonne justice, ce droit devait exister pour tous,

ou n'exister pour personne, et qu'il impliquait contradiction de l'accorder *à six individus*, et de le refuser *à vingt-huit millions*. Ces raisonnements ne firent aucune impression sur M. l'éditeur propriétaire de *l'Ami de la Charte*, et il entreprit de me prouver le contraire, dans un discours d'une heure, pendant lequel il me fut de toute impossibilité d'ouvrir un seul instant la bouche : situation toujours pénible pour un avocat.

Je voulus alors démontrer, par A plus B, divisé par Z, qu'en supposant même avec lui que ce droit pût être *légitimement* soumis au monopole, cela ne prouvait rien encore contre l'insertion de mon article, qui pouvait paraître *sans inconvénient pour lui*, dans la feuille du lendemain, puisqu'il était présumable que vingt-quatre heures ne suffiraient pas pour trouver des hommes d'un courage assez stoïque pour accepter le métier de censeur. Ces dernières raisons ne produisirent aucun effet; M. l'éditeur propriétaire me refusa les honneurs de l'insertion, au risque de remplacer cet article, pour ne pas retarder l'envoi de son journal, par une dissertation agronomique qu'il venait de recevoir, sur la betterave et sur la pomme de terre : morceau qui pouvait contenir *de fort bonnes choses*, mais qui, selon moi, ne répondait en rien aux assertions pitoyables émises en mauvais français par messieurs les écrivains se disant *monarchiques*. Mon malheureux article fut remis dans le portefeuille, en attendant mieux. Je le donne aujourd'hui tel qu'il devait paraître dans *l'Ami de la Charte*.

## *A M. l'éditeur responsable du journal libre* l'Ami de la Charte.

Je vous serai obligé d'insérer dans le premier numéro de votre journal l'article suivant :

A messieurs A., C., B., G., J., ***, ****, *****, etc., auteurs des différents articles qui ont paru dans *le Journal de Nantes et de la Loire-inférieure*,

4

Messieurs les monarchiques,

Les honorables citoyens signataires de la souscription établie en faveur des victimes du pouvoir s'attendaient à vos injurieuses calomnies ; leur attente n'a pas été vaine, vous avez daigné leur accorder cet excès d'honneur.

Il s'agissait, en premier lieu, d'un acte de générosité, d'humanité, de bienfaisance, et chacun de nous sait par expérience *que vous êtes trop au-dessus de ces vertus roturières pour ne pas les attaquer.*

En second lieu ( souffrez, je vous prie, cette autre vérité ), il est passé en proverbe que de méchants écrivains ne se lassent jamais d'écrire ; il était donc très-naturel encore de compter sur de journalières attaques de votre part.

Pour se convaincre de la véracité de cette dernière assertion, il suffit de parcourir vos différents articles, le premier comme le dernier, auquel j'ai l'honneur de répondre aujourd'hui même. Ils sont tous jetés dans le même moule. Au premier aperçu, on serait tenté de les croire sortis de la même plume, si on n'en connaissait pas les différents auteurs : il est vrai, dit-on, que les beaux esprits se ressemblent. Ce juste reproche, messieurs les monarchiques, peut s'adresser à M. A. et à M. J., à M. *** et à M. *****. Si, jusqu'à ce jour, on n'a pas cru devoir relever, dans *l'Ami de la Charte*, des fautes impardonnables dans un écolier de cinquième, c'était par pudeur, par générosité, le dirai-je, enfin ! par pitié même........ Sous ce rapport, vous devez au rédacteur de ce journal la plus vive reconnaissance.

Mais laissons là ces fautes de style et de français, ridicules au moins dans des hommes dont plusieurs possèdent, dit-on, des charges respectables dans l'église, dans l'instruction publique et dans la carrière administrative, et passons à vos *doctrines*, que chacun doit s'empresser de repousser.

Pour prouver la criminalité des signataires de la souscription, vous avancez que le coupable n'a aucun droit à l'humanité de ses semblables. Vous avez proféré, messieurs les monarchiques, ces paroles impies, et vous n'avez pas tremblé!.... Apprenez, honnêtes gens par excellence, que le misérable même qui s'est armé d'un fer assassin, a droit à votre pitié. La loi existe, elle est terrible :- bientôt, pour expier son crime, il va donner sa vie! que faut-il de plus?..... Et vous, moins justes mais plus cruels que cette loi, vous voulez préluder à la destruction du coupable par des chaînes pesantes, par une nourriture......... Ainsi que le disait un infâme tyran, vous voulez qu'il se sente mourir !..... Je m'arrête ! Et vous êtes humains? et vous êtes chrétiens !....

Hélas ! lorsque d'orgueilleux pharisiens ( c'étaient des prêtres de ce temps là ) amenèrent à Jésus-Christ une femme adultère, en le suppliant de prononcer sur son sort, ces accusateurs s'attendaient à la voir condamner à mort, suivant la loi de Moïse ; mais le divin rédempteur se contenta de leur dire, pour toute réponse : « Que celui de vous qui est sans péché lui jette la première pierre. » A ces paroles admirables, ils s'enfuirent tous, et les plus vieux les premiers, comme étant les plus grands pécheurs. Des hommes qui parlent sans cesse de religion, devraient réfléchir quelquefois sur la morale évangélique.

Les libéraux souscripteurs, dites-vous, osent, sans rougir, se parer du nom de Vincent de Paule. Ah ! dites plutôt qu'ils sont fiers d'imiter ses vertus. Vincent de Paule secourait ses frères, sans s'informer quelle était l'opinion ou le crime de chacun d'eux. Il suffisait d'être malheureux pour avoir droit à sa bienfaisance. A ses yeux, un galérien était toujours un homme. Messieurs les monarchiques, vous ne ressemblez guère à Vincent de Paul : il était humain, généreux, vraiment chrétien.

Enfin, c'est dans l'intérêt même du trône constitutionnel, que nous sommes prêts à défendre, non comme vous, en fuyant au moment du danger, mais sur les champs de bataille, en présence des foudres ennemies, que de généreux citoyens ont cru devoir établir une souscription nationale en faveur des victimes de l'arbitraire, non de notre auguste Monarque : apprenez, prétendus royalistes, que notre Roi ne peut ni ne veut faire mal ; mais des ministres et de leurs agents nombreux, qui certes ne sont pas infaillibles dans leurs jugements.

Cette réponse, messieurs les monarchiques, est un peu vive ; mais elle est nécessaire pour rabaisser l'orgueil de ces gens qui se croient quelque chose pour avoir lu certains passages du *nouveau Père Duchéne* du *Drapeau blanc*, et qui, pour leur honneur, vû leurs moyens intellectuels et leurs opinions politiques, devraient se condamner au silence.

C. H. R.

# Grand Théâtre.

## *Contravention à une loi existante.*

J'ABANDONNE de bon cœur à des plumes plus éloquentes que la mienne *le flatteur* privilége de vanter, chaque jour, le mérite des anciens et des nouveaux acteurs. Ne connaissant ces messieurs que par leurs œuvres, je ne me permettrai que de courtes réflexions à leur sujet. Selon moi, la première qualité d'un artiste consiste à se prémunir contre des éloges qui ne peuvent que le perdre, en lui enlevant cette humilité inséparable des vrais talents, et si nécessaire à la médiocrité. Mais je parle ici d'humilité, et devrais-je ignorer que cette vertu d'un monarque philosophe n'est jamais en honneur dans les coulisses ? Prêchez l'humilité dans ces lieux, et vous verrez comme chaque acteur se moquera de Marc-Aurèle. Que M.lle *** joue tel rôle et chante telle ariette d'une manière admirable, rien de mieux dans la bouche d'un amant, qui a ses raisons pour parler ainsi ; dans ce cas, l'exagération est excusable : on sait que certain sentiment ne vit que de mensonges, et, pour répudier un tel hommage,

« N'est pas toujours femme *d'esprit* qui veut. »

Mais l'homme indifférent par goût ou par nécessité, qui tient ce langage, ne peut s'attirer qu'un ridicule de plus. Dans la réalité, tant de talents réunis devraient attirer la foule, et cependant la salle est toujours vide : on a beau dire, on ne gagne rien à déclamer bien ou mal devant des banquettes. Le métier de Saint-Jean est aujourd'hui un fort mauvais métier. Que peut, contre un tel malheur, un article *sur* le spectacle de la veille ou *pour* celui du lendemain ? Rien, absolument rien. Mais j'oubliais ma promesse de laisser à qui de droit le soin de discuter le mérite de nos acteurs, et de leur distribuer des couronnes *à la grande satisfaction de MM. les abonnés :* revenons à l'objet de cet article.

L'autorité répète à qui veut l'entendre que son premier devoir est de faire exécuter les lois. Mais un devoir aussi impérieux ne lui commande-t-il pas de les exécuter elle-même ? D'après sa conduite habituelle, n'est-on pas justement fondé à penser que l'autorité exécute toujours à la rigueur les lois créées dans les intérêts de son pouvoir, et qu'elle laisse tomber en désuétude celles qui sont établies en faveur des gouvernés ? Par exemple, il existe une loi émanée de la première de nos assemblées nationales. Entre autres dispositions qu'elle renferme, il en est une qui défend expressément l'entrée et la circulation de la force armée dans l'intérieur d'une salle de spectacle : la garde doit être extérieure. Cependant, au mépris de cette disposition, on voit chaque soir errer sur les bancs de notre parterre des gendarmes et des soldats armés de leurs sabres. Un tel état de choses est trop évidemment contraire à la loi pour être toléré davantage. Passe encore pour les mouchards, dont on a renforcé depuis quelque temps *l'honorable bataillon.* Comme ces respectables personnages ne sont armés

que de bâtons, et qu'au premier abord, on les prendrait pour
des gens honnêtes, et non pour des *honnêtes gens*, on ne
peut leur appliquer le décret de l'assemblée nationale consti-
tuante. Du reste, je suis intimement convaincu que cela n'est
point parvenu à la connaissance de nos autorités : elles ont
trop de patriotisme, pour ne pas veiller sur les droits de leurs
concitoyens, et trop d'amour pour les lois, pour ne pas en
faire exécuter toutes les dispositions.

*******

## *La Vérité. — La Censure à Nantes.*

« LA vérité, cette lumière du ciel, est la seule chose ici-
» bas qui soit digne des soins et des recherches de l'homme.
» Tous nos soins devraient donc se borner à la connaître ;
» tous nos talents, à la manifester ; tout notre zèle, à la
» défendre : nous ne devrions donc chercher dans les hommes
» que la vérité, et ne souffrir qu'ils voulussent nous plaire
» que par elle. » *(Massillon.)*

Ces paroles, que j'emprunte à l'un des plus éloquents
orateurs de la chaire évangélique, devraient être gravées dans
la mémoire des hommes auxquels les princes ont confié le soin
d'administrer leurs états. Ils ne chercheraient point alors à
comprimer les écrivains qui, foulant aux pieds ces ménagements,
ces complaisances, dont se compose l'esprit du monde, osent
faire entendre aux oreilles superbes le langage de la vérité, et
déchirent sans ménagement le manteau de l'hypocrisie, dont
s'enveloppent les intrigants et les ambitieux. Mais quels succès
les écrivains peuvent-ils se promettre, avec un ministère qui,
dénaturant tout, jusqu'à la véritable signification des mots,
traite de révolutionnaires et de factieux ceux qui regardent la

stabilité des institutions comme la seule garantie du repos et de la prospérité de la nation ; qui, sans égard pour les énormes sacrifices de cette nation, n'hésite point à la sacrifier à une poignée d'hommes n'ayant jamais rien fait, ni pour elle, ni pour le trône. De bonne foi, peut-il donc voir les appuis du trône dans ces hommes qui refusèrent à Louis XVI les moyens de subvenir au simple acquittement proportionnel des cent quarante millions de *deficit* que le monarque ne savait où prendre, pour faire face aux dépenses de l'état ?

Ce prince infortuné, en montant sur un trône affamé de besoins, criblé de dettes, ne devait-il pas compter sur le dévouement de la noblesse et du clergé, que ses ancêtres avaient comblés de biens et de faveurs ? Ce fut dans cet espoir qu'il réunit sous ses yeux cette brillante *notabilité* qui était la fleur de la France. On ne vit dans l'assemblée des notables que des banquettes garnies de princes, de grands seigneurs, d'évêques, de parlementaires et de maires des villes principales. C'était sans doute étaler toute la richesse que possédait le trône, en *royalisme pur*, loyal, désintéressé ; et certes un tel spectacle dut faire naître au malheureux Louis XVI l'espoir de sortir de l'embarras financier qui provenait, comme on le sait, des prodigalités des règnes précédents, pour de vils courtisans rampant aux pieds des favorites et sollicitant la honte de servir leurs scandaleuses intrigues. Mais, attente vaine ! la noblesse, en habits brodés, en rochets, en mortiers, défendit sa bourse, ses immunités antiques, et montra toute la mauvaise humeur de l'égoïsme héréditaire. On se retrancha sur l'honneur qui commandait de se soustraire à la tache honteuse de l'impôt. Telle fut alors la conduite de cette classe d'hommes qui se prétendent les défenseurs exclusifs du trône, qui veulent encore aujourd'hui se placer entre le monarque et le peuple : ce dernier n'a jamais prétendu s'affranchir du devoir sacré de subvenir aux besoins de la patrie ; il se laissait même enlever pour cela jusqu'au nécessaire, quand les autres ordres refusèrent leur superflu, après avoir été seuls comblés des graces de la cour. Cet égoïsme de la noblesse et du clergé ouvrit le champ aux révolutions. Des ambitieux, qui se trouvaient placés sur les degrés du trône, voulurent l'exploiter à leur profit, comme quelques hommes, tout récemment, ont voulu exploiter un forfait exécrable, en poussant des cris de proscription, en proclamant dans un de leurs journaux la guerre civile, sans qu'on n'ait vu le ministère public prendre aucune mesure pour réprimer ces emportements vraiment *séditieux*.

N'est-ce pas un étrange spectacle, que celui d'un vil folliculaire provoquant impunément les haînes et les vengeances, insultant même à la majesté royale, tandis que des ministres, des députés traitent de factieux cent mille Français qui manifestent légalement leurs vœux pour le maintien des institutions sur lesquelles repose la stabilité du trône et celle de la dynastie des Bourbons ! N'est-il pas étrange d'entendre un ministre accuser, dans une circulaire, les défenseurs des institutions ouvrage du monarque, de semer la défiance, d'alarmer les esprits ! Ce sont eux, dit ce ministre, qui inquiétent les acquéreurs des biens nationaux, quand la cour suprême est obligée de casser un arrêt relatif à ces mêmes biens nationaux, prononcé par un tribunal dont les principes semblent sympathiser avec ceux de ces hommes que M. le ministre ne dénonce pas dans sa lettre, et dont un magistrat intégre, courageux, dévoué à son prince et à son pays, vient de révéler les sombres complots ! M. Madier-Monjau aura sans doute appris à M. le président du conseil des ministres que ce ne sont pas les doctrines des libéraux qui exigent le plus son attention et sa surveillance : les libéraux ne prétendent pas au gouvernement invisible ; ils veulent, au contraire, un gouvernement très-visible, celui des lois. Son excellence aura pu se convaincre aussi que les doctrines des vrais amis de la liberté n'ont rien de commun avec les assassinats.

On suppose sans doute, messieurs les purs l'ont assez répété, que les libéraux ont eu une grande influence dans l'administration des cent jours; et il est très-utile de remarquer que, d'après le témoignage authentique de M. de Saint-Aulaire, personne alors n'a été *égorgé*, ni *brûlé*, ni *fouetté*, et que les *Servant*, les *Truphémy*, les *Troistaillons*, n'appartiennent point à cette époque.

Il est bon de remarquer encore que le monstre dont le poignard a privé la France de l'un de ses princes, a excité dans la chambre actuelle des députés un sentiment unanime d'horreur et d'indignation, tandis que dans celle de 1815 on étouffa la voix courageuse du marquis d'Argenson, qui voulait signaler les assassins du midi.

En offrant ces rapprochements à la méditation de ceux que n'aveugle point l'esprit de parti, loin de nous la pensée de fournir de l'aliment aux passions : notre seul but est de faire la part du crime, de repousser l'odieuse solidarité que des hommes de mauvaise foi ont voulu faire peser sur la plus grande partie de la nation, sur celle qui ne veut pas être séparée du trône constitutionnel par quelques ambitieux, quelques intrigants avides de places, de priviléges et d'abus. Notre seul but, enfin, est d'éclairer la religion du ministre qui, dans sa lettre du 4 avril, s'est appuyé de ces adresses dont M. Madier nous a donné le secret; de ces adresses qui semblaient moins destinées à porter des consolations au monarque, qu'à rendre plus profonde la blessure de son noble cœur, en lui signalant comme complices d'un affreux attentat ceux dont tout le crime est de vouloir l'exécution de ses royales promesses, lorsqu'il revint en France consacrer les bases du gouvernement représentatif, le seul qui puisse convenir à l'état actuel de la civilisation.

Nous ne parlerons point ici du nouveau projet de loi sur les élections présenté par le ministère actuel. Les discussions lumineuses auxquelles il a donné naissance, dans divers écrits périodiques, l'ont fait apprécier à sa juste valeur. On en devine aisément le but, et personne n'y est trompé. Lorsque

**M. Siméon** est venu l'offrir comme un présent aux électeurs, en assurant qu'il les mettrait en possession de droits plus réels : chacun d'eux a pu lui répondre comme le Troyen se défiant d'Ulysse :

« *Quicquid est, timeo Danaos et dona ferentes.* »

« Quoi que ce puisse être, je crains *leurs excellences*, même dans leurs présents. » M. Siméon ne pourra s'empêcher lui-même de convenir qu'il faut se faire violence pour croire aux discours des hommes dont la flexibilité d'opinions se trouve consignée dans les fastes de toutes les époques de notre révolution.

Quelque chose de vraiment curieux, ce sera de voir M. Laîné sacrifiant son honorable paternité de la première loi des élections, le plus beau titre de sa gloire ministérielle et législative, venir en toute humilité confesser, à la tribune, que son ouvrage doit être mis au rang de ses faiblesses révolutionnaires, et qu'il faut se hâter d'adopter la loi que le ministère a promise à messieurs du côté droit, en signe d'alliance et pour prix des bons et loyaux services qu'ils lui ont rendus contre la liberté indivi-duelle et contre la liberté de la presse. On pourra dire, sans que M. Laîné puisse s'en fâcher, qu'il est vraiment l'avocat *pour* et *contre*.

M. Decazes est toujours à la merci de M. Clauzel de Cous-sergues, qui n'a pas encore jugé à propos d'administrer les preuves de sa terrible accusation contre un favori que l'on devait, d'après les *circulaires* citées par M. Madier, arracher de son poste, si le Roi ne l'eût pas éloigné de la cour. *La Quotidienne* prétend que c'est pour faire pièce aux libéraux, que M. Clauzel temporise dans cette affaire. Je ne sais si un simple citoyen aurait, en pareil cas, toute la patience d'un noble duc ; mais il est vrai que nous autres petits bourgeois nous sommes d'une susceptibilité qui doit être inconnue aux grands hommes d'état.

Les pétitions de M. Lejoyaud et d'un autre individu, qui

paraissent être une appendice des circulaires n.<sup>os</sup> 34 et 35 citées par M. Madier, ont donné lieu à M. Manuel de dévoiler les actes d'une branche du gouvernement occulte. Nous avons appris qu'un certain M. de Ménard avait exercé une petite dictature dans la Vendée, et qu'un directeur des contributions, destitué pour faits et gestes peu honorables, quoique *très-pur*, avait obtenu une pension sur la liste civile, grace à la protection de la domesticité de la maison du Roi. Ces petites révélations ne sont pas sans utilité : elles éclairent l'opinion publique ; elles servent à signaler les hommes qui s'obstinent à marcher hors du gouvernement et du sentier des lois, sous prétexte de servir la royauté.

---

NANTES a été quelque temps sans participer aux bienfaits de cette censure paternelle que nous a promise M. Siméon. On a eu beaucoup de peine, dit-on, à trouver des hommes qui voulussent seconder les bénignes intentions du ministère. Enfin, c'est au collége qu'on est allé chercher ceux qui doivent régenter les rédacteurs de nos innocentes feuilles, s'ils laissaient percer ces *doctrines pernicieuses* contre lesquelles les ministres ont entrepris une croisade où figurent même les maires de village, sous la bannière de celui de Châteaubriant, de plaisante mémoire.

Messieurs Jégou, professeur de rhetorique ; de Livoys, professeur de dessin, et P. Dufort, nommés censeurs, ont déjà signalé leur existence et leur zèle sur un article de spectacle.

L'auteur était assez simple pour croire que ces messieurs, que de mauvais plaisants, prodigues de l'allégorie, ont comparés aux trois Parques, fileraient pour lui des jours tissus de coton et de soie, et qu'ils oublieraient pour lui leurs fatals ciseaux. Mais sa douce illusion s'est évanouie, en voyant, sur un paragraphe d'un article où il parlait de *Tartufe*, joué dernièrement par nos comédiens, deux bâtons en croix qui représentent assez bien des ciseaux ouverts, et, en marge, le terrible mot *rejeté*. Ce petit acte de messieurs les censeurs de Nantes fait naître une singulière réflexion : c'est que, sous un gouvernement représentatif, il n'aura pas été permis à un écrivain de parler des hypocrites, dans un journal, tandis qu'un poéte comique eut, sous un gouvernement absolu, le privilége de traduire les faux dévots sur le théâtre. Mais, dira-t-on, l'écrivain s'est livré peut-être à des personnalités. Il est exempt de ce reproche, et il peut dire comme Phèdre :

> » *Neque enim notare singulos mens est mihi*
> » *Verùm ipsam vitam et mores hominum ostendere.* »

« Mon dessein n'est pas de désigner personne en particulier, » mais de représenter en général la vie et les mœurs des » hommes. »

D'ailleurs, pour le justifier de tout soupçon à cet égard, nous allons mettre sous les yeux de nos lecteurs l'article censuré qui n'a point paru dans *l'Ami de la Charte*, auquel il était destiné, l'auteur ayant refusé de passer sous le joug *censorial.*

## Article censuré.

### Le Tartufe. — Les Frères à l'épreuve.

Depuis long-temps, la comédie du *Tartufe* a épuisé les éloges de ceux qui ont le goût du beau; mais elle n'a point épuisé l'admiration que l'on doit aux productions du génie. Qu'il est étonnant celui du poète qui nous offre le tableau de cette maison où s'est glissée l'hypocrisie, grace à ces *vaines simagrées* que des hommes de mauvaise foi tournent au profit de leur ambition, de leur cupidité, et présentent à la crédulité comme la base de la vraie religion !

Il y a quelques années qu'un célèbre critique, en parlant du Tartufe, disait qu'on ne rencontrait plus dans la société de tartufes de religion. Je conviens qu'à cette époque, la religion n'avait pas à gémir de l'hypocrisie des hommes, parce qu'elle n'était pas alors un moyen d'avancer leurs affaires. Mais je ne sais si le même critique, s'il vivait encore, pourrait tenir aujourd'hui le même langage. Nous avons été témoins de plusieurs scènes qui ont dû nous faire apprécier la vérité des couleurs du peintre inimitable à qui nous devons le chef-d'œuvre, comme on l'a dit, de l'esprit humain. N'avons-nous pas vu groupés autour des missionnaires des hommes dont les mœurs n'étaient pas exemptes de reproches ? — Mais le repentir les avait conduits aux pieds des R. P. de la foi. — Hélas ! faut-il le dire ? au même instant qu'ils faisaient de *dévotion métier et marchandise*,

> Et voulaient acheter crédit et dignités,
> A prix de faux clins d'yeux et d'élans affectés,

on les voyait conserver les mêmes habitudes qu'on leur connaissait avant que cette cité eût eu le bonheur de jouir de l'éloquence persuasive et dramatique de nos utiles missionnaires ; et, certes, ils n'en ont pas changé. Ces mêmes personnages, pleins de zèle pour le triomphe de la religion, avaient grand soin de remarquer ceux qui ne *hantaient point les églises*, sur-tout quand ceux-ci avaient des places.

Ainsi, l'on peut dire que l'époque où nous vivons sert encore à nous faire sentir tout le mérite de la comédie de *Tartufe*.

On prétend, suivant les mémoires de l'abbé de Choisy, tome 2, que l'abbé Roquette, parasite du prince de Conti, a fourni à Molière le modèle de son principal personnage. M. de Guilleragues, courtisan spirituel et poli, auquel Boileau adressa, en 1674, son *Épitre sur le Bonheur*, haïssait cordialement ce bas flatteur du prince. Le courtisan et le poète concertèrent tous deux les moyens de se venger de lui. Ils écrivirent tout ce qu'ils lui avaient vu faire ; et, le portrait achevé, M. de Guilleragues alla le porter à son ami Molière, qui dessina celui du *Tartufe*, d'après ces mémoires. Ce poète comique qui, malgré sa profession, était admis chez le nonce du pape, trouva, dans le salon de son éminence, le nom de son imposteur. Comme il y était, un marchand de truffes vint par hasard animer les figures béates qui entouraient le nonce. *Tartuffoli! signor noncio, tartuffoli!* s'écrièrent les courtisans de l'envoyé de Rome, en lui présentant les plus belles. Attentif à ce tableau digne de fournir un épisode au poëme de la gastronomie, Molière se ressouvint de l'exclamation de *Tartuffoli!* il en fit un nom propre, qui est devenu un nom commun. Je ne fais qu'emprunter ces détails aux mémoires du temps.

. . . . . . . . . . . . . . . . . . . . . . . . . . . .

*( Ces points tiennent lieu des observations sur le jeu des artistes ; messieurs les censeurs les avaient approuvées. L'article se termine ainsi : )*

Je ne parlerai point des *Frères à l'épreuve*, qui ont produit beaucoup d'effet. C'est une de ces pièces où les comédiens obtiennent de faciles succès, et pour lesquelles le parterre d'aujourd'hui semble réserver ses faveurs.

Article d'un collaborateur.

*Pour garantie*, V.<sup>or</sup> MANGIN PÈRE ET FILS.

Rejeté depuis *Il y a quelques années*, jusqu'à *On prétend, suivant*, etc. Le reste approuvé.

P. DUFORT, JÉGOU, DE LIVOYS.

Prix, 25 centimes.

A NANTES, de l'Imprimerie d'HÉRAULT, rue de Guérande.
Se trouve chez les principaux Libraires. — 18 *Mai* 1820.